# Christiane Schlüssel

# Hasenklee und Löwenzahn

## Blütenbilder-Tiergeschichten
## aus dem Zipfelhaus

# Susel und Anton

Zwölf Küken führte die Gänsemutter stolz spazieren. Allen voran die Gänschen Susel und Anton. Aber damals trugen sie noch keinen Namen. Die erhielten sie erst später. Zuerst besuchten sie den Ganter-Vater.

„Sehr schön, sehr schön", schnatterte er und betrachtete stolz seine zwölf Kinder. Dann ging es zu den Tanten.

„Nein, wie niedlich, nein wie süß", schrien die und betrachteten entzückt ihre Neffen und Nichten.

Den Enten gefielen die Gänseküken schon weniger.

„Viel zu große Füße, viel zu lange Hälse", quarrten sie.

Der Puter bekam gleich einen dicken roten Hals, als er die vielen Gänschen sah.

„So viel Schnäbel, zuviel Schnäbel, mein ganzes Futter fressen die weg!"

Beleidigt rief Mutter Gans ihre Kinder zusammen und wackelte mit ihnen zu den Tauben. Die gurrten bewundernd und versprachen, die Küken das Fliegen zu lehren.

Das war der Gänsemutter nun aber gar nicht recht.

„Das fehlte noch", schnatterte Mutter Gans aufgeregt, „wir sind ordentliche Hofgänse. Fliegen ist nur unseren wilden Verwandten, den Wildgänsen erlaubt."

Eilig machte sie sich daran, die Kinder zu unterrichten im Fressen und Trinken, lehrte sie auf Katzen und Hunde zu achten, auch auf die Raubvögel, die sich gern mal ein Gänschen holten.

Das lernten Susel und Anton und alle zehn
Geschwister. Anton aber schaute dennoch
sehnsüchtig den Tauben nach, wenn sie über
den Hof flogen und ihnen ein „Hallo"
zugurrten.

„Einmal fliegen können", seufzte er.

„Später vielleicht", schnatterte Susel, „wenn wir groß sind."

Die Tage vergingen; aus Küken wurden kleine Gänschen, da kam ein Mädchen mit zwei langen Zöpfen und einem Körbchen in dem schönes weiches
Gras lag. Da hinein wurde Anton und Susel gesetzt und eine lange Reise
begann.

Vorsichtig lugte Anton über den Korbrand. Draußen zogen Bäume und
Wolken und Wiesen vorbei.

Könnte es sein, dass wir fliegen, dachte er aufgeregt. Wen sollte er fragen?

Susel hatte den Kopf unter die Flügel gelegt und schlief einen festen
Gänseschlaf.

Jede Reise hat einmal ein Ende. Irgendwann wurden Anton und Susel aus
dem Korb gehoben und auf den Boden gesetzt.

Jetzt bekam es Susel mit der Angst und schrie nach Leibeskräften.

Da schrie Anton gleich mit.

Aber das Mädchen nahm die Gänschen auf den Arm, streichelte ihnen das
Gefieder und summte tröstende Worte.

Da wurde beiden ganz wohl.

„Anton", sprach Susel, „das ist nun wohl unser neues Zuhause!"

„Wie sollen sie denn heißen?", fragte der Vater das Mädchen.

„Die Kleine nennen wir Anton und die Größere Susel", sagte das Mädchen.
Und dabei blieb es.

Das war ein gutes Leben, das nun begann.

Tippel-tappel – durch Haus und Hof, hurzelpurzel – in den Garten und
über die Beete. Das wurde der Mutter vom Mädchen dann doch zuviel.
Über die Beete, das war nicht erlaubt. Anton bekam einen Schubs und
schon sauste er den Weg hinunter aber auch gleich wieder herauf!
Hinunter und herauf – hinunter und herauf. Susel sah verwundert zu und
auch die Mutter staunte. Abends, als sie die Balkontreppe zu ihrem
Ställchen hochmarschierten, fragte Susel:

„Was hast du eigentlich gemacht, da heute im Garten? Wolltest am Ende
gar fliegen?"

Anton rollte seine runden Gänseaugen.

„Was sonst? Natürlich wollte ich. Ich hätte der Mutter schon gezeigt, was
es heißt, mich über das Beet zu schubsen. Davongeflogen wäre ich."

„Du bist eine Hofgans, Anton und keine von den Wildverwandten!",
schnatterte Susel streng.

Am liebsten gingen die Gänse mit dem Mädchen zum Feldrain. Das Mädchen hatte sich einen Haselnussstock geschnitten und für jeden Hütetag
schnitzte sie ein Ringlein in den Stock. Im Herbst war es ein Ringelstock
geworden, Anton und Susel waren zu schönen weißen Gänsen herange-
wachsen, die stolz hinter dem Mädchen einherspazierten. Quer durchs
Dorf, hin zum Feldrain. Die Felder waren abgeerntet. Der warme
Herbstwind fegte über sie hinweg und unter die Federn der Gänse.
Da geschah es:

Anton breitete seine schönen weißen Flügel aus, der Wind hob ihn an,

hob ihn hoch und Anton flog durch die Lüfte, den Hang hinunter.
Da wollte Susel nicht hinterherstehen. Auch sie breitete ihre Flügel aus.
Der Herbstwind, warm und stark, trug auch sie.
Den Hang freilich, den mussten sie wieder hinauf laufen. Doch das war
keine Mühe, denn unterwegs gab es Gräser und Kräuter genug, um sich
für den nächsten Flug zu stärken. Oben angekommen, nahmen sie den
Wind unter die Flügel und schwangen sich hoch hinauf.
Anton schrie vor Freude und Susel schnatterte laut:
„Kinder, seht nur wie wir fliegen!"
Das Mädchen am Feldrain schaute ihnen erst angstvoll, dann staunend
und später bewundernd  nach.
Wie schön sahen ihre Gänse doch aus. Die Leute staunten nicht schlecht,
als sie den Gänsen zusahen, die da den Hang hinunterflogen und wieder
heraufkamen, um erneut freudeschreiend hinab zu fliegen.
So war das mit Anton und Susel, den Hofgänsen, die der Herbstwind flie-
gen lehrte.

\*
**5**
\*

# Frosch und Fröschin

Die Fröschin sagte zum Frosch:
„Schenk mir einen Teich. Einen Teich für mich allein, das wünsch ich mir."
Der Frosch riss vor Staunen Maul und Augen auf.
„Wie soll das gehen? Wo findet man heutzutage einen unbewohnten Teich?"
Die Fröschin sah ihn verächtlich an.
„Wenn dir an mir liegt, wirst du einen solchen finden müssen. Ich bin immerhin die Schönste hier im Teich und will mein Froschlied allein singen."
Der Frosch kratzte sich mit seinen langen Schenkeln bekümmert den Bauch und hatte wenig Lust auf ein so beschwerliches Abenteuer. Weil er aber den Zorn der Fröschin fürchtete, machte er sich auf den Weg.
„Das wird nicht leicht", quakte er verdrossen und nahm sich ein paar Mückenbeine und einige Teichlinsen mit als Wegzehrung.
Der erste Teich, den er fand, gehörte drei dicken Goldfischen.
„Jetzt kommt der auch noch", schrien sie und blubberten böse Blasen an die Oberfläche. „Nicht genug, dass der Storch hier immer rumsteht, weil er denkt, hier wären Frösche zu holen, jetzt kommst du tatsächlich angerannt. Mach dich davon!"
Das ließ sich der Frosch nicht zweimal sagen. Ein Storch!  Da könnte seine Reise ein schnelles und böses Ende nehmen. Später aß er ein Mückenbeinchen und weil er sich so verlassen fühlte zwei Teichlinsen, dann sprang er weiter.

Der zweite Teich lag sauber, bläulich schimmernd, umsäumt von wunder
baren Blumen, geschützt von einem sonnengelben Sonnenschirm mitten
in einem Garten. Rundherum lagen Leute in Liegestühlen und liessen sich
von der Sonne bescheinen.

„Iiih! Ein Frosch", schrie eine Frau und drei weitere sprangen von ihren
Liegestühlen auf.

„Mach dich weg", riefen sie und blickten sich angstvoll um. Vielleicht
fürchteten sie, der Frosch würde ihnen auf den Bauch springen. Bei soviel
Geschrei hüpfte der Frosch von ganz allein davon und sein kleines Frosch-
herz war voller Angst. Warum auch wollte die Fröschin einen eigenen Teich?
Warum jagte sie ihn in die Fremde! Was hätte der Frosch nicht darum ge-
geben, jetzt mit allen Schwestern und Brüdern, Onkel und Tanten das
abendliche Froschkonzert zu beginnen.

Die Nacht brach an und der Frosch suchte sich unter einem Strauch ein
Lager. Morgen ist ein neuer Tag, sagte er sich, da finde ich einen Teich
und kann endlich wieder nach Hause. Soll die Fröschin dann dort allein
wohnen. Ich will zu meinen Leuten.

Vor lauter Kummer aß er alle restlichen Mückenbeine und Teichlinsen mit
einmal auf und schlief ein.

Der Morgen war trübe. Kein Frühstück, kein Bad. Alles was der Frosch sah, waren Wasserlöcher in Baustellen, Schlammpfützen, sogar eine Badeanstalt begegnete ihm.

So früh lag alles still. „Warte ab", sagte die Badeanstalt zum Frosch," noch ein zwei Stunden und hier ist alles rammeldusevoll. Da findest du keinen Flecken!"

Der Frosch seufzte auf und sprang davon. Das mag er wohl einen Tag und eine Nacht gemacht haben. Als er jedoch eines Morgens ohne Hoffnung erwachte, hörte er ein zartes, wundervolles Quaken. Der Frosch traute seinen Augen nicht. Vor ihm saß am Rande eines kleinen wundervollen Teiches ein wundervolles Froschfräulein und ein Mann sagte froh:

„Nun sind es schon zwei Frösche, die meinen kleinen Teich bewohnen. Das sind mir liebe Gäste."

Dann soll es wohl so sein, dass ich einen kleinen eigenen Teich habe, dachte der Frosch und schaute bewundernd auf das zarte Froschmädchen.

Am Abend sangen die beiden ihr erstes kleines Froschkonzert und irgendwann, da war der Sommer schon ins Land gegangen – sprangen kleine Fröschlein um die beiden herum.

So ist das Leben, dachte der Frosch und angelte sich zufrieden eine ältere Mücke vom Seerosenblatt.

# Eine kleine Liebe

Der Pudel sah die schneeweiße Katze schon seit geraumer Zeit auf dem Baum sitzen und konnte sich nicht satt sehen an ihr. Was für eine schöne Katze, dachte er und hob anmutig seinen wohlfrisierten Kopf zu ihr auf. Was gäbe ich darum, mit ihr ein wenig zu spazieren. Wie spricht man schöne Katzen an? Wenn ich knurre, denkt sie am Ende ich wolle beißen. Belle ich, wird es ihre kleinen flauschigen Ohren stören.
Wie fang ich es nur an?
Was für ein schöner Hund, sinnierte die Katze, wenn er doch endlich mal die Schnauze auftäte. Ich kann ja schlecht anfangen, ich bin eine wohlerzogene Katze und schnurre keine fremden Hunde an. Wenn mich nicht alles täuscht, ist es auch noch ein Königspudel. Mein je, ich glaube ich hab mich eben verliebt.
Ich werde ein wenig heulen, ganz wenig nur und ganz leise, dachte der Pudel, vielleicht dass sie mich erhört? Er liess einen zarten kleinen Heuler ertönen und richtig, die Katze wandte sich ihm sofort zu und maunzte nicht minder zart von ihrem Baum herab:
„Ist Ihnen nicht wohl, mein Herr?"
Des Pudels Herz tat einen Hopser.
„Wie kann einem nicht wohl sein in Ihrer schönen Nähe, Verehrteste. Mein Heuler war ein Sehnsuchtsseufzer, ein Hoffnungsseufzer."
Die Katze schnurrte behaglich: „Was ist ein Hoffnungsseufzer?"
„Einer, der hofft, Ihnen dienlich sein zu können, meine Schönste!"
Die Katze streckte zierlich ihre Pfötchen und maunzte:
„Sie könnten mich zum Essen einladen! Dann wird man weitersehen."
Dem Pudel stockte der Atem.
„Wie? Was? Nichts lieber als das. In meinem Napf wartet köstliches Schabefleisch, von süßer Schleckermilch will ich gar nicht erst reden. Wir wollen nicht zögern, alles wird zu Ihrer Zufriedenheit sein."
Die Katze dachte nach.
„Ein Maus hätten sie nicht zufällig in ihrer Nähe?"
„Selten, sehr selten", musste der Pudel zugeben und dachte mit Grauen an die kleinen frechen Schwanz-Nager, die es zuweilen auf seine frisierten Pfoten abgesehen hatten.
„Vielleicht, Verehrteste, probieren Sie doch von dem köstlichen Fleisch?"
Die Katze hatte sich indess längst für den Futternapf entschieden und folgte dem Pudel in sein Haus.

„Was für ein schönes Paar",
gackerten die Hühner.
„Aber nicht ungefährlich",
fiepten die Mäuse.
„Wenn das man gut geht",
schackerte die Elster.
Aber die schneeweiße Katze
und der pechschwarze Pudel
hörten nicht auf solch Ge-
schwätz. Sie schritten stolz
neben einander her und eines
bewunderte den anderen.
Erst fraß die Katze das
Schabefleisch auf. Dann
trank sie den Milchnapf leer.
Und schließlich kuschelte
sie sich zu einem Schläfchen
zusammen. Der Pudel bebte
* vor Glück. Sein Magen
**10** knurrte, aber er hörte nicht
* drauf. Seinen Durst stillte er
in der Regenwasserpfütze –
keinen Blick liess er von sei-
ner schönen Freundin.

Als die Katze wohlig erwachte, sich reckte und streckte, sah sie die leeren Näpfe und ein
kleines schlechtes Gewissen wurde in ihr wach.
„Soll ich Ihnen nicht doch ein zartes Mäuslein fangen?", fragte sie.
„Wo denken Sie hin", wehrte der Pudel ab, „etwas fasten tut mir gut und die Freude, Sie
anzuschauen ist mehr wert als ein voller Bauch."
Das rührte die Katze sehr. Sie umschnurrte seine Schnauze und der Pudel wäre vor Glück
fast gestorben. Am nächsten Morgen saß die Katze in aller Frühe bereits auf ihrem Baum-
ast und konnte es gar nicht erwarten, den Pudel zu treffen.
„Kommen Sie nur", maunzte sie zärtlich, als sie ihn herbeilaufen sah, „heute ist kein
Fastentag." Der Pudel sog schon von weitem einen verführerischen Duft in seine Nase.
Er hatte sich nicht getäuscht. Vor ihm lag ein großer Knochen mit allerlei Gutem daran.
Des Pudels Herz sang vor Glück und sein Magen knurrte: „Na endlich!"
Die Katze sah zufrieden vom Baum herab und dachte, das ist der Beginn einer großen
Freundschaft.

# Frühlingserwachen

Der Igel ist erwacht und gähnt.
Die Maus hat kleine Mäuschen.
Die Veilchen parfümieren sich.
Der Star ist aus dem Häuschen.

Die Wiesen schmücken sich mit Grün.
Die Weide ist bekätzelt.
Wer brüten will, baut sich ein Nest.
Wer einen Schatz hat, schätzelt.

Der Kater maunzt die halbe Nacht.
Die kleinen Primeln briemeln.
Der Hase rührt die Farben an
und fängt schon an zu friemeln.

Hat ers geschafft, und sind gefüllt
die Nester und Verstecke,
wünscht er, dass jedes Kind darin
Erhofftes auch entdecke.

# Der Schäfer und sein Hund

Jan, der Schäfer hatte sich einen Hund genommen, damit er seine Herde bewachen würde. Der Hund war noch jung, ungeübt und kleiner als so manches der Schafe.

„Und so ein Winzling soll uns bewachen", blökte der alte Schafsbock und senkte höhnisch seine Hörner gegen den Hund.

„Dass ich nicht lache", mähte das Mutterschaf und stampfte unwillig mit den Hufen.

„Wie will der denn meine Kinder bewachen. Muss man denn alles allein tun?"
Dem Hund machte solches Reden das Herz schwer. Seine Augen wurden trüb und schwänzeln tat er längst nicht mehr.
„Hör nicht drauf", tröstete ihn Jan. „Du wächst und du lernst alles, was du lernen musst. Zwick sie nur tüchtig, dann vergeht ihnen der Spott."

Er hat nicht mein Amt und fürchtet nicht die Hörner vom Bock, dachte der kleine Hund. Aber er tat seinen Dienst und achtete besonders auf die kleinen Lämmchen, die gern mal nach fremden Hälmchen und Gräsern auf anderen Wiesen gingen.Eines Tages fehlte eines. Die Schafsmutter blökte jämmerlich und der Bock nannte den Hund einen Dummkopf.

„Such das Lämmchen, such es!", befahl der Schäfer dem Hund.
Der lief los, lief über Stock und Stein, durch Wasser und Sträucher, endlich fand er das Lämmchen. Ein großer Dornenstrauch hielt es fest, seine starken dornigen Ranken hatten sein zartes Fellchen schon blutig gerissen.
Das Lämmchen schrie und der Hund legte sich zärtlich daneben, tröstete es, leckte ihm sein Wunden und versprach, den Schäfer zu holen.
Der kam und befreite das Lämmchen und brachte es zur Herde zurück.

„Und dieser kleine Kerl hat dich tatsächlich gefunden?", fragte der alte
Schafsbock misstrauisch das Lämmchen.
„Gefunden, gestreichelt und getröstet."
„Sieh mal einer an", blökte das Mutterschaf," hätte man gar nicht gedacht,
so klein und gar nicht so dumm."
Jan streichelte den Hund und flüsterte ihm etwas ins Ohr, aber das blieb
für immer ein Geheimnis zwischen dem Schäfer und seinem Hund.

# Die kleine Maus

Die kleine Maus saß vor dem Haus,
da kam ein junger Mäusrich,
der sah ein wenig struppig aus,
um nicht zu sagen scheußlich.
Doch ihr gefiel er wunderbar.
Sie nahm ihn in ihr Haus auf,
war glücklich und erlaubte ihm
des Sonntags etwas Auslauf.
An einem Abend blieb er weg.
Die Maus war aus dem Häuschen.
Sie fand ihn in der Diskothek
bei sechs vergnügten Mäuschen.
Sie schleppte ihn nach Haus ins Bett
und hatte schwer zu tragen.
Doch für ein kleines bisschen Glück
muss mancher sehr viel wagen.
Im Frühjahr hatten sie schon zwölf
fidele Mäusekinder.
Da war das Glück des Mäusrichs groß
und das der Maus nicht minder.

**13**

# Hasenjäger

Es geht ein Mann durch Föhren, sein Schritt ist kaum zu hören.
Doch pürscht der Gute mit dem Wind!
Drum merkt das kleinste Hasenkind
mit seinem Schnuppernäschen
Es kommt ein Feind fürs Häschen und rettet sich geschwind.

# Der Angler und die Forelle

*In ei-nem Bäch-lein hel-le, da schoss in fro-her Eil
die lau-nische Fo-relle vorüber wie ein Pfeil ...*

Das Schiffchen wollte in die Welt hinaussegeln.

„Dazu bist du viel zu klein", sagte das Mädchen mit dem Hut, „der Fluss wird dich verschlingen."

„Wozu hat man mich gebaut, wenn ich nicht aufs Wasser darf?", fragte das Schiffchen traurig.

„Ich habe Mast und Segel, bin aus gutem Borkenholz. Warum soll mich der Fluss verschlingen. Er wird mich tragen und eines Tages kehr ich zurück und erzähle dir, was ich erlebt habe."

Das Mädchen schwieg. Sein Herz hing an dem kleinen Schiff, das der Vater geschnitzt hatte. Die Mutter hatte das kleine Segel genäht und das Mädchen hatte alles zusammengeleimt. Es war ein wunderschönes Schiffchen geworden.

Am ersten Tag war es vorsichtig nur ein paar Meter geschwommen. Die Möwen kreischten vor Begeisterung.

„Weiter, weiter!", schrien sie.

Am nächsten Tag fuhr das Schiffchen schon einen großen Bogen und am dritten wäre es beinahe davon gesegelt, hätte das Mädchen es nicht zurückgeholt.

„Warum lässt du es nicht fahren?", fragten die Möwen und segelten dicht über das Wasser hinweg. „Vertrau dem Wind, er bringt es voran!"

„Es ist viel zu klein", antwortete das Mädchen.

„Wir sind auch nicht größer", schrien die Möwen wieder, „und segeln gut im Wind."

„Das Wasser ist groß und stark, was wird wenn es umkippt?", beharrte das Mädchen.

„Gar nicht groß, gar nicht stark", kreischten die Möwen. „Wir fliegen tagtäglich darüber hinweg. Die Ufer sind nah, nur kannst du das unter deinem Hut nicht sehen! Der Fluss ist ruhig und wird das Schiffchen tragen!"

„Es könnte untergehen und dann ist keiner da, es wieder aufzurichten", wandte das Mädchen ein.

Die Möwen guckten einander verdutzt an, dann schrien sie ihr schrilles Möwenlachen. „Wie das?", fragten sie. „Wie soll ein Schiff untergehen. Möwen gehen auch nicht unter!"

„Schiffe gehen unter, sogar große, das wisst ihr nur nicht, weil ihr immer nur auf dem ruhigen Fluss herumpaddelt, wie die Enten", sagte das Mädchen trotzig. „Das weiß sogar ich unter meinem Hut."

„Hör sich das einer an", schrien die Möwen, „wie die Enten, sagte sie, wo keiner so elegant fliegt und schwimmt wie wir."

„Höchstens ich", ließ sich da das Schiffchen vernehmen, „ich schwimme die elegantesten Bogen und Kreise, das hat jeder sehen können. Lass mich endlich in die Welt hinaus!"

Das Mädchen gab seinem Herzen einen Stoß, setzte das Schiffchen vorsichtig auf das Wasser und der Fluss trug es fort.

Aufwiedersehen, du Schiffchen, dachte das Mädchen traurig und winkte ihm hinterher.

# Die kleine Giraffe

Der Frühling hatte den Bäumen die Blätter geschenkt und der Sommer den Wiesen die Blüten. In dieser Zeit kam das Giraffenkind zur Welt. Lange stand es brav neben der Mutter, saugte Milch, wenn es Durst hatte, lernte Gräser zu fressen und sah der Mutter zu, wie sie sich von den Bäumen die zartesten Blätter holte. Die Mutter war sehr hoch, so hoch wie der Baum, da war es leicht an die Blättchen heranzukommen.

„Schmecken die?", fragte das Giraffenkind.

„Natürlich", antwortete die Mutter, „würde ich sie mir sonst holen?"

„Könnte ich auch welche davon bekommen?"

„Warum?", fragte die Mutter, „du bist noch viel zu klein. Bist du erst so

*
**18**
*

groß wie ich, kannst du sie dir selber holen."

Das kann dauern, dachte das Giraffenkind und ärgerte sich über die Mutter, die ihm keines von den süßen Blättchen abgeben wollte. Also trabte es davon, hinunter zum Fluss, wo die Giraffen standen und Wasser tranken. Sie spreizten die Vorderbeine und beugten ihre Köpfe tief zum Wasser hinab. So sahen sie nicht den Löwen. Leise strich er durch das hohe Gras, die Giraffen wohl im Blick.

Das Giraffenkind stand mucksmäuschenstill vor Schreck. Täglich warnte die Mutter vor den Löwen, die gern ab und zu eine Giraffe verspeisten, aber auch die Hufe der Giraffen fürchten mussten. Ein Schlag mit den Hufen hatte einmal einen Löwen meterweit weggeschleudert. Doch jetzt tranken die Giraffen und sahen nicht den gewaltigen gelben Löwen heran schleichen.

Ich muss etwas tun, dachte das Giraffenkind, ich muß etwas tun, was tue ich nur?

Der Löwe duckte sich und setzte schon zum Sprung an. Da schrie das Giraffenkind auf. Schrie in hellster Angst und alle Giraffen verstanden das Signal. Sie jagten davon, Sand wirbelte zu dichten Wolken auf und hüllte den Löwen und das Giraffenkind ein. Dann war da nur Stille. Langsam legte sich der Sand und gab wieder die Sicht frei. Der Löwe sah nun auch das Giraffenkind.

Allein und erstarrt vor Angst stand es da, die großen Tiere waren geflüchtet. Nichts konnte das Giraffenkind vor dem hungrigen Löwen retten.
Doch war da mit einem Male ein Schatten, groß und dunkel und ehe auch nur eine Sekunde vergangen war, floh der Löwe ins Dickicht der Sträucher.
„Er hätte dich töten können, du Dummchen", sagte die Mutter und leckte dem Giraffenkind zärtlich über den schmalen Kopf.
„Aber du warst ja da", sagte das Giraffenkind froh und trabte mit der Mutter zur Herde zurück.
„Gibst du mir doch eines von den zarten Blättchen?"
Die Mutter reckte ihren langen Hals und riss mit der Zunge von der Baumspitze ein besonders wohlschmeckendes Blatt ab. Das reichte sie ihrem Kind, als Belohnung für seinen Mut und aus Freude, weil es gesund und vergnügt neben ihr stand.

# Die fünf Hühnerchen

Ich war mal in dem Dorfe,
da gab es einen Sturm,
da zankten sich fünf Hühnerchen
um einen Regenwurm.
Und als kein Wurm mehr war zu sehn,
da sagten alle: „Piep!"
Da hatten die fünf Hühnerchen
einander wieder lieb.

# Hasenklee

Der Frühling zog ins Land und all die Pflanzen und Bäume liessen vergnügt die ersten Blättchen sprießen, nur der Hasenklee mochte nicht recht froh sein. Kaum dass er seine ersten grünen Spitzen sehen ließ, standen der Wiesenklee und der Lämmerklee schon da und spöttelten.

„Siehst du ihn? Siehst du ihn?", flüsterte der Wiesenklee.

„Ich seh ihn. Ich seh ihn!", wisperte der Lämmerklee, „schon wieder keine Hasen dran. Jedes Jahr dasselbe!"

Und sie lachten, dass sich alle Blätter nur so schüttelten.

So ging es nun Jahr um Jahr. Sollte der Hasenklee da etwa gute Laune im Frühling haben? Der Hasenklee ärgerte sich.

„Ihr habt auch keine Lämmer und keine Wiesen an euren Stielen! Verspotte ich euch deswegen?"

„Aber ich wachse auf einer Wiese und deshalb heiße ich Wiesenklee", kicherte der Wiesenklee vergnügt.

„Und zu mir kommen Lämmer und Schafe und knabbern meine Blättchen", blökte der Lämmerklee.

Was sollte der Hasenklee darauf antworten. Zu ihm kamen keine Hasen und nicht ein einziges Häschen wollte an ihm wachsen. Vielleicht muss ich groß und kräftig werden, überlegte er. Also strengte sich der Hasenklee Tag für Tag und Nacht für Nacht an, groß und kräftig zu werden.

Seine Wurzeln gingen tief in die Erde. Seine Stängel wurden fest und stark. Die Blätter wurden dicht und grün.

„Nanu?", sagte der Lämmerklee zum Wiesenklee, „was macht er denn da?"

„Merkwürdig, merkwürdig", nuschelte der Wiesenklee, „er wird doch nicht etwa..."

Da geschah es!

Unaufhaltsam erblühten am Hasenklee kleine wuschelige Hasen mit langen Ohren. Solche Hasenohren hatten noch nicht einmal der Lämmerklee oder der Wiesenklee gesehen. Und sie schlossen beleidigt ihre Blätter. Der Hasenklee aber bebte vor Glück.

„Nun bin ich groß und stark", seufzte er glücklich und bewegte sanft und zärtlich seine Blütenhasen im Sommerwind.

# Die verbummelte Nachtigall

In dem Nest auf der Akazie sitzt Frau Nachtigall und weint.
„Komm zum Abendbrot um neun Uhr, wenn des Mondes Sichel scheint",
sagte sie zu ihrem Manne und sie brauchte nie zu flehen.
Nun war schon die elfte Stunde – er noch immer nicht zu sehen.
Diese schöne Fliegensuppe, sechs mit Tau gefüllte Mücken.
Alles wird nun kalt und sauer – ach, es ist zum Federnpflücken!
Schmetterlinge, zubereitet mit dem Schatten dunkler Buchen,
und zum Abschluss eine Torte, einen Nachtwind-Mondscheinkuchen.

Ob ihm etwas zugestoßen? Ob er auf den Leim gehupft ist?
Ob er noch der große Sänger oder ob er schon gerupft ist?
Ob ihn Neider überfielen, diese Lerchen-Rasselbande?
Federn wachsen nach, die Stimme gibt's nicht mehr im ganzen Lande.
Plötzlich ist es da, das Männchen, kreuzfidel und pfeift sich einen.
„Hast du dich herumgetrieben? Und ich muss hier bitter weinen!"
„Sei nicht böse", schmeichelt er und streichelt ihr die nassen Wangen.
„In der schönen Abendstunde bin ich mal zu Fuß gegangen."

# Äpfel fallen

Herbst ist und die Äpfel fallen
von dem hohen Apfelbaum,
zwei, drei, sieben treffen leider
kleine Gans Pauline Flaum.
Und der Kater trägt das Gänschen
in sein Körbchen auf das Kissen,
dass sie ist von soviel Sorge
schon beinahe hingerissen.

Kater können sehr besorgt sein.
Unser Gänschen lässt sich pflegen
und erfährt auf diese Weise:
Etwas Liebe macht verlegen.
Doch nach Tagen ist das Gänschen
von dem kleinen Schmerz genesen,
und es flattert und es schnattert,
als sei wirklich nichts gewesen.

# Schmetterlinge

Schmetterlinge tanzen Lieder
haben heimlichen Gesang,
flattern auf und flattern nieder
nach dem zarten Zauberklang.

Störe nicht die Zauberweisen,
lass' den Tanz der Farben geh'n.
Auf und nieder, leise, leise –
mit dem Licht schon im Verwehn.

# Inhalt

Impressum
© Bilder Christiane Schlüssel
© Text Christiane Schlüssel/Katrin Ludwig/Gottfried Herold
für diese Ausgabe
1. Auflage 2000
Gestaltung Hans-Eberhard Ernst
Reproduktion Reprostudio Helmut Schneider, Leipzig
Gesamtherstellung Saaledruck GmbH, Naumburg
Printed in Germany
ISBN 3-00-005240-2